Agenda delle password

Agende pratiche

CreateSpace, Charleston SC
© Agende pratiche

Nome	Data
Indirizzo web	
Username/login	
Password	PIN
Domande di sicurezza/note	

Nome	Data
Indirizzo web	
Username/login	
Password	PIN
Domande di sicurezza/note	

Nome	Data
Indirizzo web	
Username/login	
Password	PIN
Domande di sicurezza/note	

A

Nome	Data
Indirizzo web	
Username/login	
Password	PIN
Domande di sicurezza/note	

Nome	Data
Indirizzo web	
Username/login	
Password	PIN
Domande di sicurezza/note	

Nome	Data
Indirizzo web	
Username/login	
Password	PIN
Domande di sicurezza/note	

A

Nome	Data
Indirizzo web	
Username/login	
Password	PIN
Domande di sicurezza/note	

Nome	Data
Indirizzo web	
Username/login	
Password	PIN
Domande di sicurezza/note	

Nome	Data
Indirizzo web	
Username/login	
Password	PIN
Domande di sicurezza/note	

Nome	Data
Indirizzo web	
Username/login	
Password	PIN
Domande di sicurezza/note	

Nome	Data
Indirizzo web	
Username/login	
Password	PIN
Domande di sicurezza/note	

Nome	Data
Indirizzo web	
Username/login	
Password	PIN
Domande di sicurezza/note	

Nome	Data
Indirizzo web	
Username/login	
Password	PIN
Domande di sicurezza/note	

Nome	Data
Indirizzo web	
Username/login	
Password	PIN
Domande di sicurezza/note	

Nome	Data
Indirizzo web	
Username/login	
Password	PIN
Domande di sicurezza/note	

B

Nome	Data
Indirizzo web	
Username/login	
Password	PIN
Domande di sicurezza/note	

Nome	Data
Indirizzo web	
Username/login	
Password	PIN
Domande di sicurezza/note	

Nome	Data
Indirizzo web	
Username/login	
Password	PIN
Domande di sicurezza/note	

Nome	Data
Indirizzo web	
Username/login	
Password	PIN
Domande di sicurezza/note	

Nome	Data
Indirizzo web	
Username/login	
Password	PIN
Domande di sicurezza/note	

Nome	Data
Indirizzo web	
Username/login	
Password	PIN
Domande di sicurezza/note	

B

Nome	Data
Indirizzo web	
Username/login	
Password	PIN
Domande di sicurezza/note	

Nome	Data
Indirizzo web	
Username/login	
Password	PIN
Domande di sicurezza/note	

Nome	Data
Indirizzo web	
Username/login	
Password	PIN
Domande di sicurezza/note	

Nome	Data
Indirizzo web	
Username/login	
Password	PIN
Domande di sicurezza/note	

Nome	Data
Indirizzo web	
Username/login	
Password	PIN
Domande di sicurezza/note	

Nome	Data
Indirizzo web	
Username/login	
Password	PIN
Domande di sicurezza/note	

C

Nome	Data
Indirizzo web	
Username/login	
Password	PIN
Domande di sicurezza/note	

Nome	Data
Indirizzo web	
Username/login	
Password	PIN
Domande di sicurezza/note	

Nome	Data
Indirizzo web	
Username/login	
Password	PIN
Domande di sicurezza/note	

Nome	Data
Indirizzo web	
Username/login	
Password	PIN
Domande di sicurezza/note	

Nome	Data
Indirizzo web	
Username/login	
Password	PIN
Domande di sicurezza/note	

Nome	Data
Indirizzo web	
Username/login	
Password	PIN
Domande di sicurezza/note	

Nome	Data
Indirizzo web	
Username/login	
Password	PIN
Domande di sicurezza/note	

Nome	Data
Indirizzo web	
Username/login	
Password	PIN
Domande di sicurezza/note	

Nome	Data
Indirizzo web	
Username/login	
Password	PIN
Domande di sicurezza/note	

Nome	Data
Indirizzo web	
Username/login	
Password	PIN
Domande di sicurezza/note	

Nome	Data
Indirizzo web	
Username/login	
Password	PIN
Domande di sicurezza/note	

Nome	Data
Indirizzo web	
Username/login	
Password	PIN
Domande di sicurezza/note	

D

Nome	Data
Indirizzo web	
Username/login	
Password	PIN
Domande di sicurezza/note	

Nome	Data
Indirizzo web	
Username/login	
Password	PIN
Domande di sicurezza/note	

Nome	Data
Indirizzo web	
Username/login	
Password	PIN
Domande di sicurezza/note	

Nome	Data
Indirizzo web	
Username/login	
Password	PIN
Domande di sicurezza/note	

Nome	Data
Indirizzo web	
Username/login	
Password	PIN
Domande di sicurezza/note	

Nome	Data
Indirizzo web	
Username/login	
Password	PIN
Domande di sicurezza/note	

Nome	Data
Indirizzo web	
Username/login	
Password	PIN
Domande di sicurezza/note	

Nome	Data
Indirizzo web	
Username/login	
Password	PIN
Domande di sicurezza/note	

Nome	Data
Indirizzo web	
Username/login	
Password	PIN
Domande di sicurezza/note	

E

Nome	Data
Indirizzo web	
Username/login	
Password	PIN
Domande di sicurezza/note	

Nome	Data
Indirizzo web	
Username/login	
Password	PIN
Domande di sicurezza/note	

Nome	Data
Indirizzo web	
Username/login	
Password	PIN
Domande di sicurezza/note	

E

Nome	Data
Indirizzo web	
Username/login	
Password	PIN
Domande di sicurezza/note	

Nome	Data
Indirizzo web	
Username/login	
Password	PIN
Domande di sicurezza/note	

Nome	Data
Indirizzo web	
Username/login	
Password	PIN
Domande di sicurezza/note	

Nome	Data
Indirizzo web	
Username/login	
Password	PIN
Domande di sicurezza/note	

Nome	Data
Indirizzo web	
Username/login	
Password	PIN
Domande di sicurezza/note	

Nome	Data
Indirizzo web	
Username/login	
Password	PIN
Domande di sicurezza/note	

E

Nome	Data
Indirizzo web	
Username/login	
Password	PIN
Domande di sicurezza/note	

Nome	Data
Indirizzo web	
Username/login	
Password	PIN
Domande di sicurezza/note	

Nome	Data
Indirizzo web	
Username/login	
Password	PIN
Domande di sicurezza/note	

F

Nome	Data
Indirizzo web	
Username/login	
Password	PIN
Domande di sicurezza/note	

Nome	Data
Indirizzo web	
Username/login	
Password	PIN
Domande di sicurezza/note	

Nome	Data
Indirizzo web	
Username/login	
Password	PIN
Domande di sicurezza/note	

F

Nome	Data
Indirizzo web	
Username/login	
Password	PIN
Domande di sicurezza/note	

Nome	Data
Indirizzo web	
Username/login	
Password	PIN
Domande di sicurezza/note	

Nome	Data
Indirizzo web	
Username/login	
Password	PIN
Domande di sicurezza/note	

F

Nome	Data
Indirizzo web	
Username/login	
Password	PIN
Domande di sicurezza/note	

Nome	Data
Indirizzo web	
Username/login	
Password	PIN
Domande di sicurezza/note	

Nome	Data
Indirizzo web	
Username/login	
Password	PIN
Domande di sicurezza/note	

F

Nome	Data
Indirizzo web	
Username/login	
Password	PIN
Domande di sicurezza/note	

Nome	Data
Indirizzo web	
Username/login	
Password	PIN
Domande di sicurezza/note	

Nome	Data
Indirizzo web	
Username/login	
Password	PIN
Domande di sicurezza/note	

Nome	Data
Indirizzo web	
Username/login	
Password	PIN
Domande di sicurezza/note	

Nome	Data
Indirizzo web	
Username/login	
Password	PIN
Domande di sicurezza/note	

Nome	Data
Indirizzo web	
Username/login	
Password	PIN
Domande di sicurezza/note	

G

Nome	Data
Indirizzo web	
Username/login	
Password	PIN
Domande di sicurezza/note	

Nome	Data
Indirizzo web	
Username/login	
Password	PIN
Domande di sicurezza/note	

Nome	Data
Indirizzo web	
Username/login	
Password	PIN
Domande di sicurezza/note	

Nome	Data
Indirizzo web	
Username/login	
Password	PIN
Domande di sicurezza/note	

Nome	Data
Indirizzo web	
Username/login	
Password	PIN
Domande di sicurezza/note	

Nome	Data
Indirizzo web	
Username/login	
Password	PIN
Domande di sicurezza/note	

G

Nome	Data
Indirizzo web	
Username/login	
Password	PIN
Domande di sicurezza/note	

Nome	Data
Indirizzo web	
Username/login	
Password	PIN
Domande di sicurezza/note	

Nome	Data
Indirizzo web	
Username/login	
Password	PIN
Domande di sicurezza/note	

Nome	Data
Indirizzo web	
Username/login	
Password	PIN
Domande di sicurezza/note	

Nome	Data
Indirizzo web	
Username/login	
Password	PIN
Domande di sicurezza/note	

Nome	Data
Indirizzo web	
Username/login	
Password	PIN
Domande di sicurezza/note	

Nome	Data
Indirizzo web	
Username/login	
Password	PIN
Domande di sicurezza/note	

Nome	Data
Indirizzo web	
Username/login	
Password	PIN
Domande di sicurezza/note	

Nome	Data
Indirizzo web	
Username/login	
Password	PIN
Domande di sicurezza/note	

Nome	Data
Indirizzo web	
Username/login	
Password	PIN
Domande di sicurezza/note	

Nome	Data
Indirizzo web	
Username/login	
Password	PIN
Domande di sicurezza/note	

Nome	Data
Indirizzo web	
Username/login	
Password	PIN
Domande di sicurezza/note	

Nome	Data
Indirizzo web	
Username/login	
Password	PIN
Domande di sicurezza/note	

Nome	Data
Indirizzo web	
Username/login	
Password	PIN
Domande di sicurezza/note	

Nome	Data
Indirizzo web	
Username/login	
Password	PIN
Domande di sicurezza/note	

Nome	Data
Indirizzo web	
Username/login	
Password	PIN
Domande di sicurezza/note	

Nome	Data
Indirizzo web	
Username/login	
Password	PIN
Domande di sicurezza/note	

Nome	Data
Indirizzo web	
Username/login	
Password	PIN
Domande di sicurezza/note	

I

Nome	Data
Indirizzo web	
Username/login	
Password	PIN
Domande di sicurezza/note	

Nome	Data
Indirizzo web	
Username/login	
Password	PIN
Domande di sicurezza/note	

Nome	Data
Indirizzo web	
Username/login	
Password	PIN
Domande di sicurezza/note	

Nome	Data
Indirizzo web	
Username/login	
Password	PIN
Domande di sicurezza/note	

Nome	Data
Indirizzo web	
Username/login	
Password	PIN
Domande di sicurezza/note	

Nome	Data
Indirizzo web	
Username/login	
Password	PIN
Domande di sicurezza/note	

I

Nome	Data
Indirizzo web	
Username/login	
Password	PIN
Domande di sicurezza/note	

Nome	Data
Indirizzo web	
Username/login	
Password	PIN
Domande di sicurezza/note	

Nome	Data
Indirizzo web	
Username/login	
Password	PIN
Domande di sicurezza/note	

Nome	Data
Indirizzo web	
Username/login	
Password	PIN
Domande di sicurezza/note	

Nome	Data
Indirizzo web	
Username/login	
Password	PIN
Domande di sicurezza/note	

Nome	Data
Indirizzo web	
Username/login	
Password	PIN
Domande di sicurezza/note	

J

Nome	Data
Indirizzo web	
Username/login	
Password	PIN
Domande di sicurezza/note	

Nome	Data
Indirizzo web	
Username/login	
Password	PIN
Domande di sicurezza/note	

Nome	Data
Indirizzo web	
Username/login	
Password	PIN
Domande di sicurezza/note	

Nome	Data
Indirizzo web	
Username/login	
Password	PIN
Domande di sicurezza/note	

Nome	Data
Indirizzo web	
Username/login	
Password	PIN
Domande di sicurezza/note	

Nome	Data
Indirizzo web	
Username/login	
Password	PIN
Domande di sicurezza/note	

J

Nome	Data
Indirizzo web	
Username/login	
Password	PIN
Domande di sicurezza/note	

Nome	Data
Indirizzo web	
Username/login	
Password	PIN
Domande di sicurezza/note	

Nome	Data
Indirizzo web	
Username/login	
Password	PIN
Domande di sicurezza/note	

Nome	Data
Indirizzo web	
Username/login	
Password	PIN
Domande di sicurezza/note	

Nome	Data
Indirizzo web	
Username/login	
Password	PIN
Domande di sicurezza/note	

Nome	Data
Indirizzo web	
Username/login	
Password	PIN
Domande di sicurezza/note	

Nome	Data
Indirizzo web	
Username/login	
Password	PIN
Domande di sicurezza/note	

Nome	Data
Indirizzo web	
Username/login	
Password	PIN
Domande di sicurezza/note	

Nome	Data
Indirizzo web	
Username/login	
Password	PIN
Domande di sicurezza/note	

Nome	Data
Indirizzo web	
Username/login	
Password	PIN
Domande di sicurezza/note	

Nome	Data
Indirizzo web	
Username/login	
Password	PIN
Domande di sicurezza/note	

Nome	Data
Indirizzo web	
Username/login	
Password	PIN
Domande di sicurezza/note	

K

Nome	Data
Indirizzo web	
Username/login	
Password	PIN
Domande di sicurezza/note	

Nome	Data
Indirizzo web	
Username/login	
Password	PIN
Domande di sicurezza/note	

Nome	Data
Indirizzo web	
Username/login	
Password	PIN
Domande di sicurezza/note	

Nome	Data
Indirizzo web	
Username/login	
Password	PIN
Domande di sicurezza/note	

Nome	Data
Indirizzo web	
Username/login	
Password	PIN
Domande di sicurezza/note	

Nome	Data
Indirizzo web	
Username/login	
Password	PIN
Domande di sicurezza/note	

Nome	Data
Indirizzo web	
Username/login	
Password	PIN
Domande di sicurezza/note	

Nome	Data
Indirizzo web	
Username/login	
Password	PIN
Domande di sicurezza/note	

Nome	Data
Indirizzo web	
Username/login	
Password	PIN
Domande di sicurezza/note	

Nome	Data
Indirizzo web	
Username/login	
Password	PIN
Domande di sicurezza/note	

Nome	Data
Indirizzo web	
Username/login	
Password	PIN
Domande di sicurezza/note	

Nome	Data
Indirizzo web	
Username/login	
Password	PIN
Domande di sicurezza/note	

Nome	Data
Indirizzo web	
Username/login	
Password	PIN
Domande di sicurezza/note	

Nome	Data
Indirizzo web	
Username/login	
Password	PIN
Domande di sicurezza/note	

Nome	Data
Indirizzo web	
Username/login	
Password	PIN
Domande di sicurezza/note	

Nome	Data
Indirizzo web	
Username/login	
Password	PIN
Domande di sicurezza/note	

Nome	Data
Indirizzo web	
Username/login	
Password	PIN
Domande di sicurezza/note	

Nome	Data
Indirizzo web	
Username/login	
Password	PIN
Domande di sicurezza/note	

Nome	Data
Indirizzo web	
Username/login	
Password	PIN
Domande di sicurezza/note	

Nome	Data
Indirizzo web	
Username/login	
Password	PIN
Domande di sicurezza/note	

Nome	Data
Indirizzo web	
Username/login	
Password	PIN
Domande di sicurezza/note	

Nome	Data
Indirizzo web	
Username/login	
Password	PIN
Domande di sicurezza/note	

Nome	Data
Indirizzo web	
Username/login	
Password	PIN
Domande di sicurezza/note	

Nome	Data
Indirizzo web	
Username/login	
Password	PIN
Domande di sicurezza/note	

Nome	Data
Indirizzo web	
Username/login	
Password	PIN
Domande di sicurezza/note	

Nome	Data
Indirizzo web	
Username/login	
Password	PIN
Domande di sicurezza/note	

Nome	Data
Indirizzo web	
Username/login	
Password	PIN
Domande di sicurezza/note	

N

Nome	Data
Indirizzo web	
Username/login	
Password	PIN
Domande di sicurezza/note	

Nome	Data
Indirizzo web	
Username/login	
Password	PIN
Domande di sicurezza/note	

Nome	Data
Indirizzo web	
Username/login	
Password	PIN
Domande di sicurezza/note	

Nome	Data
Indirizzo web	
Username/login	
Password	PIN
Domande di sicurezza/note	

Nome	Data
Indirizzo web	
Username/login	
Password	PIN
Domande di sicurezza/note	

Nome	Data
Indirizzo web	
Username/login	
Password	PIN
Domande di sicurezza/note	

Nome	Data
Indirizzo web	
Username/login	
Password	PIN
Domande di sicurezza/note	

Nome	Data
Indirizzo web	
Username/login	
Password	PIN
Domande di sicurezza/note	

Nome	Data
Indirizzo web	
Username/login	
Password	PIN
Domande di sicurezza/note	

Nome	Data
Indirizzo web	
Username/login	
Password	PIN
Domande di sicurezza/note	

Nome	Data
Indirizzo web	
Username/login	
Password	PIN
Domande di sicurezza/note	

Nome	Data
Indirizzo web	
Username/login	
Password	PIN
Domande di sicurezza/note	

Nome	Data
Indirizzo web	
Username/login	
Password	PIN
Domande di sicurezza/note	

Nome	Data
Indirizzo web	
Username/login	
Password	PIN
Domande di sicurezza/note	

Nome	Data
Indirizzo web	
Username/login	
Password	PIN
Domande di sicurezza/note	

Nome	Data
Indirizzo web	
Username/login	
Password	PIN
Domande di sicurezza/note	

Nome	Data
Indirizzo web	
Username/login	
Password	PIN
Domande di sicurezza/note	

Nome	Data
Indirizzo web	
Username/login	
Password	PIN
Domande di sicurezza/note	

Nome	Data
Indirizzo web	
Username/login	
Password	PIN
Domande di sicurezza/note	

Nome	Data
Indirizzo web	
Username/login	
Password	PIN
Domande di sicurezza/note	

Nome	Data
Indirizzo web	
Username/login	
Password	PIN
Domande di sicurezza/note	

Nome	Data
Indirizzo web	
Username/login	
Password	PIN
Domande di sicurezza/note	

Nome	Data
Indirizzo web	
Username/login	
Password	PIN
Domande di sicurezza/note	

Nome	Data
Indirizzo web	
Username/login	
Password	PIN
Domande di sicurezza/note	

Nome	Data
Indirizzo web	
Username/login	
Password	PIN
Domande di sicurezza/note	

Nome	Data
Indirizzo web	
Username/login	
Password	PIN
Domande di sicurezza/note	

Nome	Data
Indirizzo web	
Username/login	
Password	PIN
Domande di sicurezza/note	

P

Nome	Data
Indirizzo web	
Username/login	
Password	PIN
Domande di sicurezza/note	

Nome	Data
Indirizzo web	
Username/login	
Password	PIN
Domande di sicurezza/note	

Nome	Data
Indirizzo web	
Username/login	
Password	PIN
Domande di sicurezza/note	

Nome	Data
Indirizzo web	
Username/login	
Password	PIN
Domande di sicurezza/note	

Nome	Data
Indirizzo web	
Username/login	
Password	PIN
Domande di sicurezza/note	

Nome	Data
Indirizzo web	
Username/login	
Password	PIN
Domande di sicurezza/note	

P

Nome	Data
Indirizzo web	
Username/login	
Password	PIN
Domande di sicurezza/note	

Nome	Data
Indirizzo web	
Username/login	
Password	PIN
Domande di sicurezza/note	

Nome	Data
Indirizzo web	
Username/login	
Password	PIN
Domande di sicurezza/note	

Nome	Data
Indirizzo web	
Username/login	
Password	PIN
Domande di sicurezza/note	

Nome	Data
Indirizzo web	
Username/login	
Password	PIN
Domande di sicurezza/note	

Nome	Data
Indirizzo web	
Username/login	
Password	PIN
Domande di sicurezza/note	

Nome	Data
Indirizzo web	
Username/login	
Password	PIN
Domande di sicurezza/note	

Nome	Data
Indirizzo web	
Username/login	
Password	PIN
Domande di sicurezza/note	

Nome	Data
Indirizzo web	
Username/login	
Password	PIN
Domande di sicurezza/note	

Q

Nome	Data
Indirizzo web	
Username/login	
Password	PIN
Domande di sicurezza/note	

Nome	Data
Indirizzo web	
Username/login	
Password	PIN
Domande di sicurezza/note	

Nome	Data
Indirizzo web	
Username/login	
Password	PIN
Domande di sicurezza/note	

Nome	Data
Indirizzo web	
Username/login	
Password	PIN
Domande di sicurezza/note	

Nome	Data
Indirizzo web	
Username/login	
Password	PIN
Domande di sicurezza/note	

Nome	Data
Indirizzo web	
Username/login	
Password	PIN
Domande di sicurezza/note	

Nome	Data
Indirizzo web	
Username/login	
Password	PIN
Domande di sicurezza/note	

Nome	Data
Indirizzo web	
Username/login	
Password	PIN
Domande di sicurezza/note	

Nome	Data
Indirizzo web	
Username/login	
Password	PIN
Domande di sicurezza/note	

Nome	Data
Indirizzo web	
Username/login	
Password	PIN
Domande di sicurezza/note	

Nome	Data
Indirizzo web	
Username/login	
Password	PIN
Domande di sicurezza/note	

Nome	Data
Indirizzo web	
Username/login	
Password	PIN
Domande di sicurezza/note	

R

Nome	Data
Indirizzo web	
Username/login	
Password	PIN
Domande di sicurezza/note	

Nome	Data
Indirizzo web	
Username/login	
Password	PIN
Domande di sicurezza/note	

Nome	Data
Indirizzo web	
Username/login	
Password	PIN
Domande di sicurezza/note	

R

Nome	Data
Indirizzo web	
Username/login	
Password	PIN
Domande di sicurezza/note	

Nome	Data
Indirizzo web	
Username/login	
Password	PIN
Domande di sicurezza/note	

Nome	Data
Indirizzo web	
Username/login	
Password	PIN
Domande di sicurezza/note	

Nome	Data
Indirizzo web	
Username/login	
Password	PIN
Domande di sicurezza/note	

Nome	Data
Indirizzo web	
Username/login	
Password	PIN
Domande di sicurezza/note	

Nome	Data
Indirizzo web	
Username/login	
Password	PIN
Domande di sicurezza/note	

S

Nome	Data
Indirizzo web	
Username/login	
Password	PIN
Domande di sicurezza/note	

Nome	Data
Indirizzo web	
Username/login	
Password	PIN
Domande di sicurezza/note	

Nome	Data
Indirizzo web	
Username/login	
Password	PIN
Domande di sicurezza/note	

S

Nome	Data
Indirizzo web	
Username/login	
Password	PIN
Domande di sicurezza/note	

Nome	Data
Indirizzo web	
Username/login	
Password	PIN
Domande di sicurezza/note	

Nome	Data
Indirizzo web	
Username/login	
Password	PIN
Domande di sicurezza/note	

S

Nome	Data
Indirizzo web	
Username/login	
Password	PIN
Domande di sicurezza/note	

Nome	Data
Indirizzo web	
Username/login	
Password	PIN
Domande di sicurezza/note	

Nome	Data
Indirizzo web	
Username/login	
Password	PIN
Domande di sicurezza/note	

T

Nome	Data
Indirizzo web	
Username/login	
Password	PIN
Domande di sicurezza/note	

Nome	Data
Indirizzo web	
Username/login	
Password	PIN
Domande di sicurezza/note	

Nome	Data
Indirizzo web	
Username/login	
Password	PIN
Domande di sicurezza/note	

T

Nome	Data
Indirizzo web	
Username/login	
Password	PIN
Domande di sicurezza/note	

Nome	Data
Indirizzo web	
Username/login	
Password	PIN
Domande di sicurezza/note	

Nome	Data
Indirizzo web	
Username/login	
Password	PIN
Domande di sicurezza/note	

Nome	Data
Indirizzo web	
Username/login	
Password	PIN
Domande di sicurezza/note	

Nome	Data
Indirizzo web	
Username/login	
Password	PIN
Domande di sicurezza/note	

Nome	Data
Indirizzo web	
Username/login	
Password	PIN
Domande di sicurezza/note	

T

Nome	Data
Indirizzo web	
Username/login	
Password	PIN
Domande di sicurezza/note	

Nome	Data
Indirizzo web	
Username/login	
Password	PIN
Domande di sicurezza/note	

Nome	Data
Indirizzo web	
Username/login	
Password	PIN
Domande di sicurezza/note	

Nome	Data
Indirizzo web	
Username/login	
Password	PIN
Domande di sicurezza/note	

Nome	Data
Indirizzo web	
Username/login	
Password	PIN
Domande di sicurezza/note	

Nome	Data
Indirizzo web	
Username/login	
Password	PIN
Domande di sicurezza/note	

Nome	Data
Indirizzo web	
Username/login	
Password	PIN
Domande di sicurezza/note	

Nome	Data
Indirizzo web	
Username/login	
Password	PIN
Domande di sicurezza/note	

Nome	Data
Indirizzo web	
Username/login	
Password	PIN
Domande di sicurezza/note	

U

Nome	Data
Indirizzo web	
Username/login	
Password	PIN
Domande di sicurezza/note	

Nome	Data
Indirizzo web	
Username/login	
Password	PIN
Domande di sicurezza/note	

Nome	Data
Indirizzo web	
Username/login	
Password	PIN
Domande di sicurezza/note	

Nome	Data
Indirizzo web	
Username/login	
Password	PIN
Domande di sicurezza/note	

Nome	Data
Indirizzo web	
Username/login	
Password	PIN
Domande di sicurezza/note	

Nome	Data
Indirizzo web	
Username/login	
Password	PIN
Domande di sicurezza/note	

Nome	Data
Indirizzo web	
Username/login	
Password	PIN
Domande di sicurezza/note	

Nome	Data
Indirizzo web	
Username/login	
Password	PIN
Domande di sicurezza/note	

Nome	Data
Indirizzo web	
Username/login	
Password	PIN
Domande di sicurezza/note	

Nome	Data
Indirizzo web	
Username/login	
Password	PIN
Domande di sicurezza/note	

Nome	Data
Indirizzo web	
Username/login	
Password	PIN
Domande di sicurezza/note	

Nome	Data
Indirizzo web	
Username/login	
Password	PIN
Domande di sicurezza/note	

Nome	Data
Indirizzo web	
Username/login	
Password	PIN
Domande di sicurezza/note	

Nome	Data
Indirizzo web	
Username/login	
Password	PIN
Domande di sicurezza/note	

Nome	Data
Indirizzo web	
Username/login	
Password	PIN
Domande di sicurezza/note	

Nome	Data
Indirizzo web	
Username/login	
Password	PIN
Domande di sicurezza/note	

Nome	Data
Indirizzo web	
Username/login	
Password	PIN
Domande di sicurezza/note	

Nome	Data
Indirizzo web	
Username/login	
Password	PIN
Domande di sicurezza/note	

Nome	Data
Indirizzo web	
Username/login	
Password	PIN
Domande di sicurezza/note	

Nome	Data
Indirizzo web	
Username/login	
Password	PIN
Domande di sicurezza/note	

Nome	Data
Indirizzo web	
Username/login	
Password	PIN
Domande di sicurezza/note	

Nome	Data
Indirizzo web	
Username/login	
Password	PIN
Domande di sicurezza/note	

Nome	Data
Indirizzo web	
Username/login	
Password	PIN
Domande di sicurezza/note	

Nome	Data
Indirizzo web	
Username/login	
Password	PIN
Domande di sicurezza/note	

Nome	Data
Indirizzo web	
Username/login	
Password	PIN
Domande di sicurezza/note	

Nome	Data
Indirizzo web	
Username/login	
Password	PIN
Domande di sicurezza/note	

Nome	Data
Indirizzo web	
Username/login	
Password	PIN
Domande di sicurezza/note	

Nome	Data
Indirizzo web	
Username/login	
Password	PIN
Domande di sicurezza/note	

Nome	Data
Indirizzo web	
Username/login	
Password	PIN
Domande di sicurezza/note	

Nome	Data
Indirizzo web	
Username/login	
Password	PIN
Domande di sicurezza/note	

Nome	Data
Indirizzo web	
Username/login	
Password	PIN
Domande di sicurezza/note	

Nome	Data
Indirizzo web	
Username/login	
Password	PIN
Domande di sicurezza/note	

Nome	Data
Indirizzo web	
Username/login	
Password	PIN
Domande di sicurezza/note	

Nome	Data
Indirizzo web	
Username/login	
Password	PIN
Domande di sicurezza/note	

Nome	Data
Indirizzo web	
Username/login	
Password	PIN
Domande di sicurezza/note	

Nome	Data
Indirizzo web	
Username/login	
Password	PIN
Domande di sicurezza/note	

Nome	Data
Indirizzo web	
Username/login	
Password	PIN
Domande di sicurezza/note	

Nome	Data
Indirizzo web	
Username/login	
Password	PIN
Domande di sicurezza/note	

Nome	Data
Indirizzo web	
Username/login	
Password	PIN
Domande di sicurezza/note	

Y

Nome	Data
Indirizzo web	
Username/login	
Password	PIN
Domande di sicurezza/note	

Nome	Data
Indirizzo web	
Username/login	
Password	PIN
Domande di sicurezza/note	

Nome	Data
Indirizzo web	
Username/login	
Password	PIN
Domande di sicurezza/note	

Nome	Data
Indirizzo web	
Username/login	
Password	PIN
Domande di sicurezza/note	

Nome	Data
Indirizzo web	
Username/login	
Password	PIN
Domande di sicurezza/note	

Nome	Data
Indirizzo web	
Username/login	
Password	PIN
Domande di sicurezza/note	

Nome	Data
Indirizzo web	
Username/login	
Password	PIN
Domande di sicurezza/note	

Nome	Data
Indirizzo web	
Username/login	
Password	PIN
Domande di sicurezza/note	

Nome	Data
Indirizzo web	
Username/login	
Password	PIN
Domande di sicurezza/note	

Nome	Data
Indirizzo web	
Username/login	
Password	PIN
Domande di sicurezza/note	

Nome	Data
Indirizzo web	
Username/login	
Password	PIN
Domande di sicurezza/note	

Nome	Data
Indirizzo web	
Username/login	
Password	PIN
Domande di sicurezza/note	

Z

Nome		Data
Indirizzo web		
Username/login		
Password		PIN
Domande di sicurezza/note		

Nome		Data
Indirizzo web		
Username/login		
Password		PIN
Domande di sicurezza/note		

Nome		Data
Indirizzo web		
Username/login		
Password		PIN
Domande di sicurezza/note		

Agende pratiche ti porta
una varietà di diari indispensabili
e agende – incluse agende per
le password con lo stesso interno
come questa, ma con diversi
disegni di copertina.

Per scoprire di più,
visita www.lusciousbooks.co.uk/it